AF284826

Impressum
Verlag: BABADADA GmbH, Nedderfeld 112 , 22529 Hamburg
Geschäftsführer / Verlagsleitung: Harald Hof
Druck: Books on Demand GmbH, In de Tarpen 42, 22848 Norderstedt

Imprint
Publisher: BABADADA GmbH, Nedderfeld 112 , 22529 Hamburg, Germany
Managing Director / Publishing direction: Harald Hof
Print: Books on Demand GmbH, In de Tarpen 42, 22848 Norderstedt, Germany

baruumsaa

школа

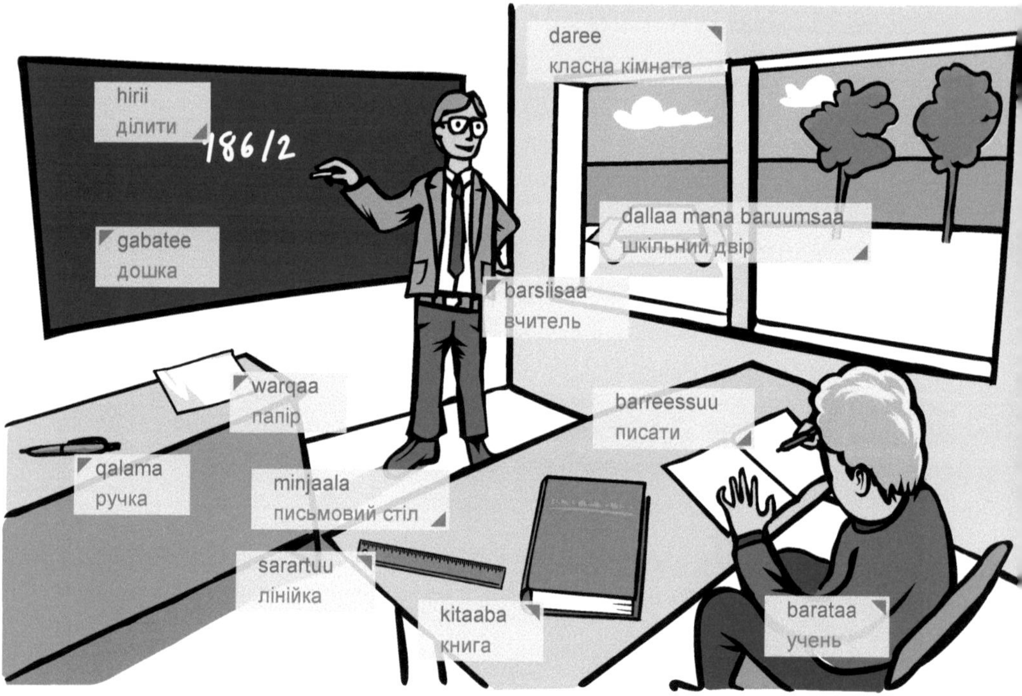
daree
класна кімната
hirii
ділити
186/2
dallaa mana baruumsaa
шкільний двір
gabatee
дошка
barsiisaa
вчитель
warqaa
папір
barreessuu
писати
qalama
ручка
minjaala
письмовий стіл
sarartuu
лінійка
kitaaba
книга
barataa
учень

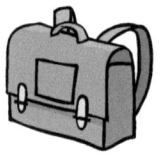

korojoo baattamu

ранець

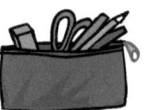

teessoo irsaasii

пенал

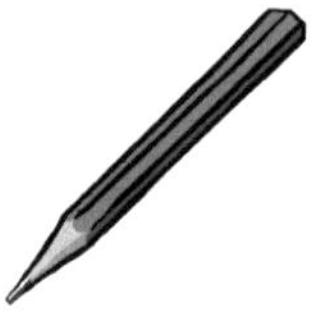

irsaasii

олівець

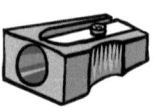

qartuu irsaasii

точило

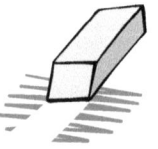

haqxuu

гумка

paadii fakkii

альбом для малювання

fakkii

малюнок

burusha halluu

пензель

saanduqa halluu

коробка фарб

maqasa

ножиці

maxxansituu

клей

daftara

зошит

hojii manaa

домашнє завдання

lakkoofsa

число

ida'ii

додавати

hir;isi

віднімати

bay;isi

множити

heerregii

рахувати

xalayaa

літера

tarree qubee

абетка

jecha

слово

kitaaba barataa

текст

dubbisuu

читати

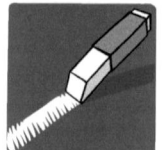

biroonkii

крейда

baruumsa

година

galmeessuu

класний журнал

qormaata

екзамен

raga barreeffamaa

диплом

uffata mana baruumsaa

шкільна форма

barnoota

освіта

insaaykiloopeediyaa

лексикон

yuunivarstii

університет

maaykiroos kooppii

мікроскоп

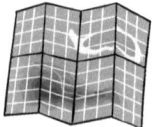

kaartaa

карта

qircaata gatoo

кошик для паперу

imala

подорож

hoteela
готель
Grand
hosteela
турбаза
ROOMS
biiroo de cheenjee
обмінний пункт
shaanxaa kafanaa
валіза
konkolaataa
автомобіль

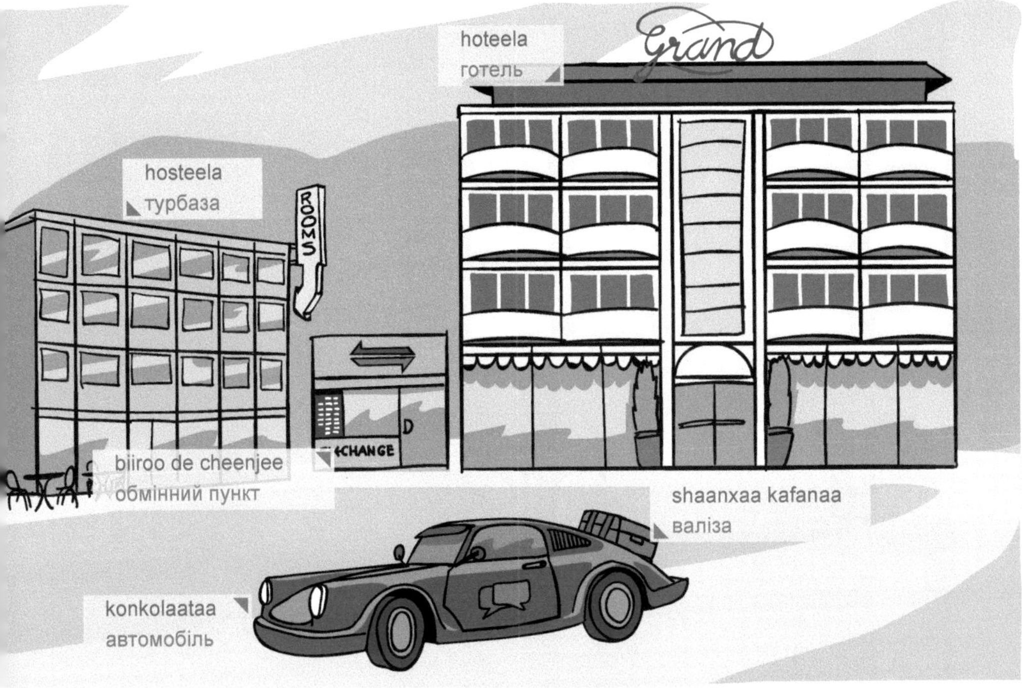

afaan
мова

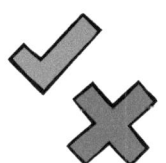

eyyeen / mitii
так / ні

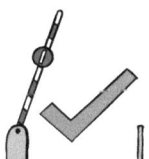

haa ta'u
добре

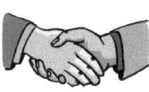

heloo
привіт

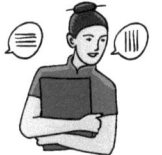

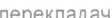

turjmaana
перекладач

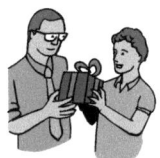

galatoomaa
дякую

meeqa

Скільки коштує ...?

naaf hingalle

Я не розумію

rakkoo

проблема

akkam ooltan

Добрий вечір!

akkam bultan?

Доброго ранку!

halkan gaarii

На добраніч!

nagaatti nagaatti

До побачення

kallattii

напрямок

ba'aa imalaa

багаж

korojoo

сумка

ba'aa dugdaa

рюкзак

keessummaas

гість

kutaa

кімната

korojoo hirriibaa

спальний мішок

dukkaana

намет

odeeffannoo turistii

туристична інформація

qarqara haroo

пляж

kireedit kaardii

кредитна картка

ciree

сніданок

laaqana

обід

irbaata

вечеря

tikkeetii

квиток

liiftii

ліфт

chaappaa

поштова марка

daangaa

межа

barmaatilee

митниця

embaasii

посольство

viizaa

віза

paasspoortii

паспорт

geejiba

транспорт

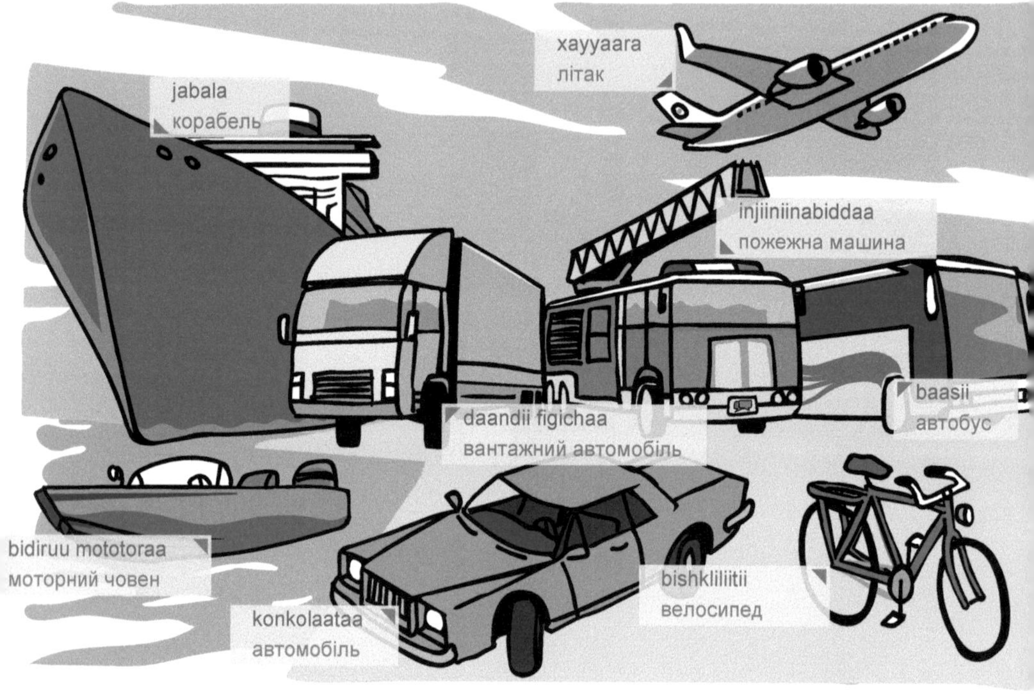

xayyaara
літак
jabala
корабель
injiiniinabiddaa
пожежна машина
baasii
автобус
daandii figichaa
вантажний автомобіль
bidiruu mototoraa
моторний човен
bishkiliitii
велосипед
konkolaataa
автомобіль

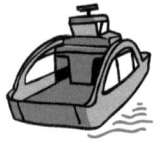

bidiruu deeddebii

пором

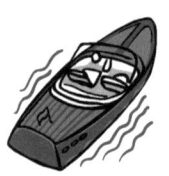

bidiruu

човен

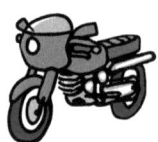

doqdoqqee

мотоцикл

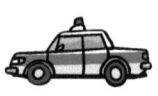

konkolaataa foolisaa

поліцейська машина

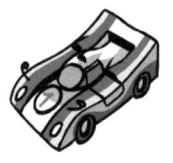

konkolaataa dorgommii

гоночний автомобіль

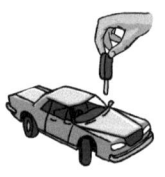

konkolaataa kiraa

автомобіль на прокат

konkolataa waliin gahuu

спільне користування авто

marsaa boqqoonna

евакуатор

daandii dhorkaa

сміттєвоз

motora

двигун

boba'aa

паливо

buufata boba'aa

автозаправна станція

mallattoo tiraafikaa

дорожній знак

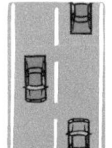

tiraafika

рух

cuccufaa daandii konkolaataa

затор

dhaabbii konkolaataa

стоянка

buufata baburaa

вокзал

konkolaataa guddaa

рейки

baabura

потяг

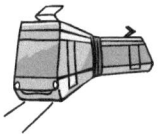

baabura eleektirikaa

трамвай

gaarii fardaa

вагон

helikooftara

гелікоптер

buufata xayyaaraa

аеропорт

qooxii

вежа

keessummaa

пасажир

konteenara

контейнер

kaartunii

коробка

gaarii

візок

qirccaata

кошик

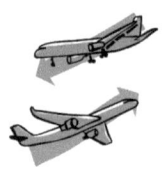

barrisuu / qubachuu

стартувати / приземлятися

magaalaa gudaa

місто

araddaa

село

handhuura magaalaa

центр міста

mana

дім

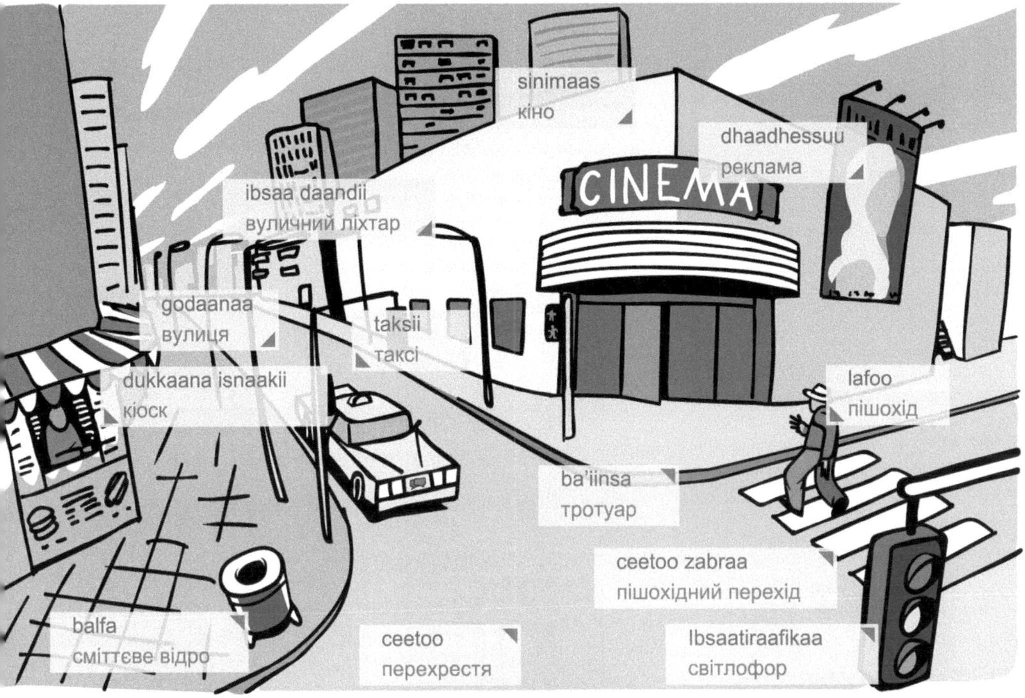

sinimaas
кіно

dhaadhessuu
реклама

ibsaa daandii
вуличний ліхтар

godaanaa
вулиця

taksii
таксі

dukkaana isnaakii
кіоск

lafoo
пішохід

ba'iinsa
тротуар

ceetoo zabraa
пішохідний перехід

balfa
сміттєве відро

ceetoo
перехрестя

lbsaatiraafikaa
світлофор

godoo
хатина

diriiraa
квартира

buufata baburaa
вокзал

galma magaalaa
ратуша

muuziyeemii
музей

baruumsaa
школа

magaalaa gudaa - місто

yuunivarstii

університет

baankii

банк

hospitaala

лікарня

hoteela

готель

mana qorichaa

аптека

waajjira

офіс

dukkana kitaabaa

книжковий магазин

dukkaana

магазин

gurgurtuu abaabo

квітковий магазин

suppar maarkeetii

супермаркет

gabaa

ринок

kuusaa dame

універмаг

kiyyeessituu qurxxummii

торговець рибою

giddu gala gabaa

торговельний центр

buufata galaanaa

гавань

paarkii

парк

tessoo dalgee

лава

riqica

міст

sibsaabii

сходи

Lafa jala

метро

holqa

тунель

buufata konkolaataa

автобусна зупинка

baarii

бар

mana nyaataa

ресторан

saanduqa poostaa

поштова скринька

mallattoodaandii

вулична табличка

idoo dhaabbii konkolaataa

лічильник паркування

dallaa beeladaa

зоопарк

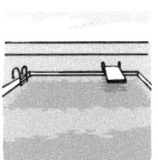

haroo daakkaa

басейн

masgiida

мечеть

qonna

ферма

faalama

забруднення
навколишнього
середовища

iddoo awwaalchaa

кладовище

charchii

церква

dirree taphaa

дитячий майданчик

siidaa

храм

teechuma lafaa
ландшафт

baala
листок

maxxansa beeksiisaa
вказівний стовп

karaa
шлях

huruufa magariisa
луг

dhakaa
камінь

nama lafoo deemu
мандрівник

muka
дерево

laga
річка

mrga
трава

abaaboo
квітка

sulula

долина

tabba

гора

hara

озеро

bosona

ліс

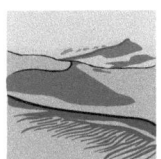

gammoojjii oo;aa

пустеля

dhooyinsalafaa

вулкан

masaraa

замок

sabbata waaqqaa

веселка

jaarsa marqoo

гриб

muka teemiraa

пальма

bookee busaa

комар

balali'uu

муха

mixii

мурашка

kanniisa

бджола

sarariitii

павук

teechuma lafaa - ландшафт

boombii

жук

hurrii

жаба

shikookkoo

вивірка

xaddee

їжак

beelada illeentii fakkaatu

заєць

jajuu

сова

simbira

птах

daakkiyyee

лебідь

ifaannaa

кабан

godaa

олень

godaa ameerikaatti argamu

лось

riqicha

гребля

tarbaayinii buubbee

вітряк

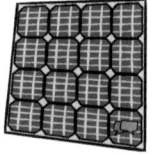

panaalii soolaarii

сонячний модуль

haala qilleensaa

клімат

mana nyaataa
ресторан

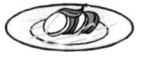

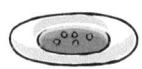

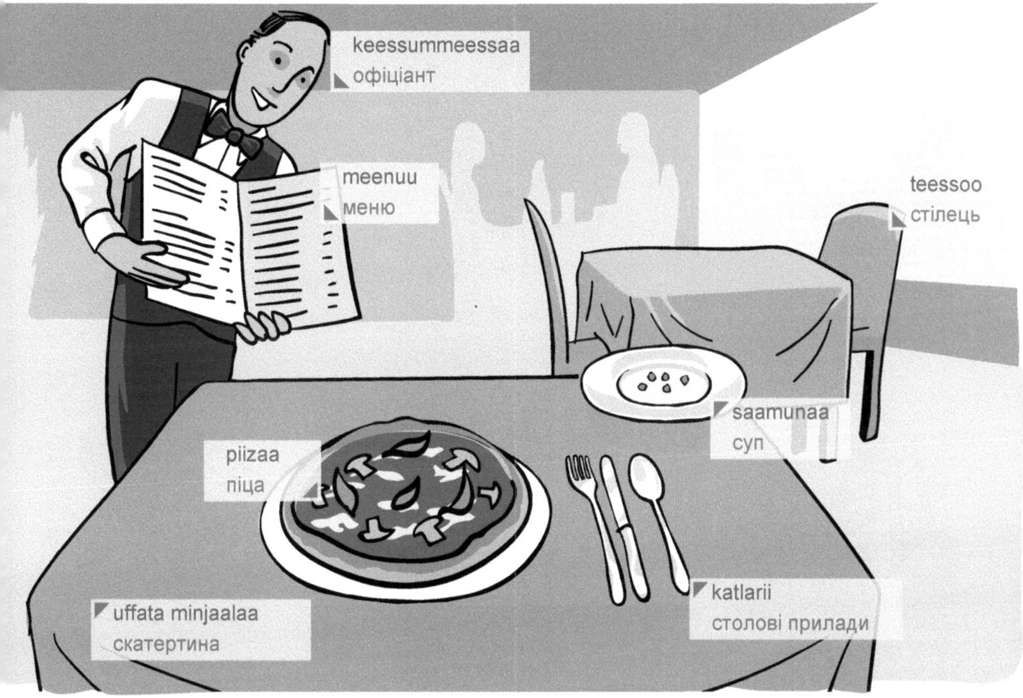
keessummeessaa
офіціант
meenuu
меню
teessoo
стілець
saamunaa
суп
piizaa
піца
katlarii
столові прилади
uffata minjaalaa
скатертина

calqabsiisaa
закуска

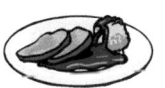

madda muummee
друга страва

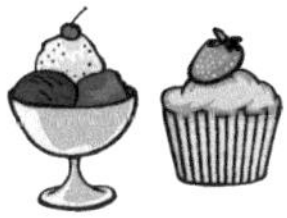

deezaartii
десерт

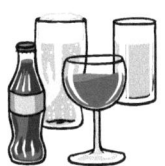

dhugaatii
напої

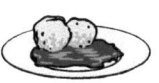

nyaata
їжа

qaruuraa
пляшка

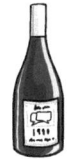

nyaata qophaa'aa

фаст-фуд

nyaata karaa irraa

вулична їжа

markajii shaayii

чайник

qodaa shukkaaraa

цукорниця

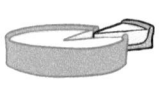

uwwisa

порція

maashina espereessoo

еспресо-машина

teessoo ol ka'aa

високий стільчик

nagahee

рахунок

tirii

піднос

hlbee

ніж

shuukkaa

вилка

fal'aana

ложка

fal'aana shaayii

чайна ложка

uffrata minjaala nyaataa

серветка

burcuqqoo

склянка

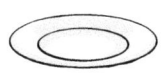

diiriiraa

тарілка

teessoo saamunaa

тарілка для супу

teessoo siinii

блюдце

sugoo

соус

qodaa sooqiddaa

солонка

daaktuu barbaree

млин для перцю

hadhooftuu

оцет

zayita

масло

qimamii

спеції

kachappii

кетчуп

sanaafica

гірчиця

maaynoneezii

майонез

suppar maarkeetii
супермаркет

kenaa addaa
пропозиція
FOR
maamila
клієнт
oomish aannanii
молочні продукти
fuduraa
фрукти
baabura eelektirikaa
візок для покупок

BUTCHERS

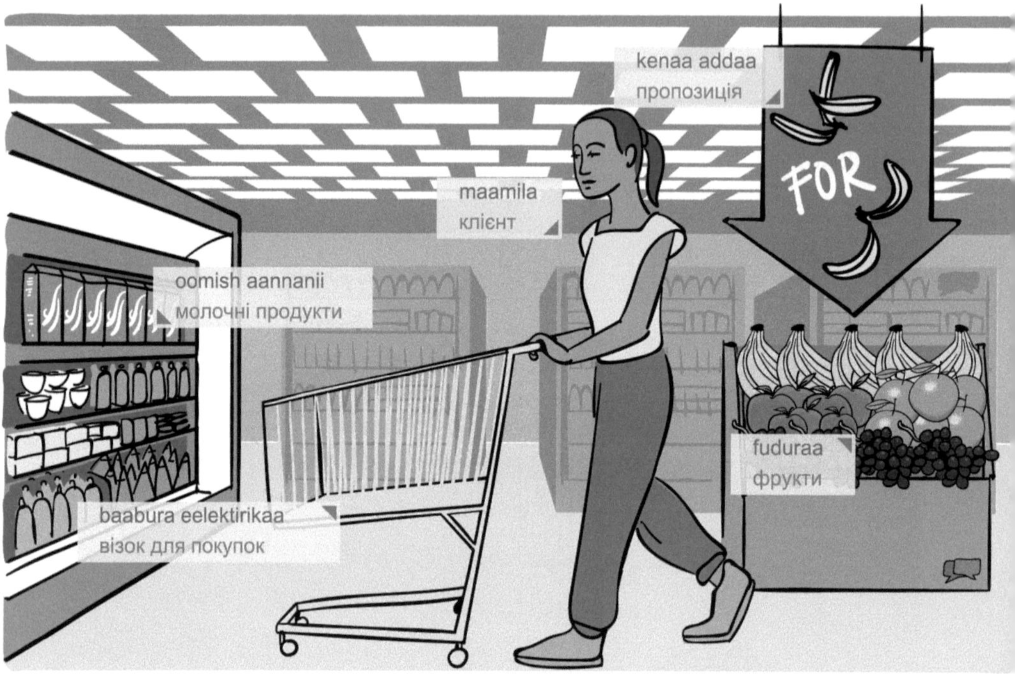

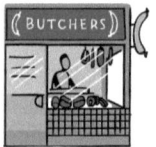

mana foonii

м'ясний магазин

BAKERY

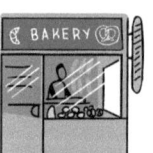

tolchituu

пекарня

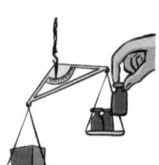

ulfaatina safaruu

зважувати

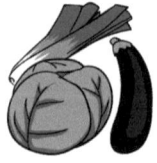

kuduraa

овочі

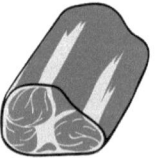

foon

м'ясо

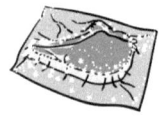

nyaataqorraa

заморожені продукти

foon qorraa

ковбасна нарізка

nyaata samsmaa

консерви

oomoo

пральний порошок

mi'aawaa

солодощі

oomisha meeshaa manaa

предмети домашнього побуту

bu'aa qulqulleessuu

мийний засіб

nama gurgurtaa

продавщиця

hanga

каса

qarshi qabduu

касир

taree gabaa

список покупок

sa'aatii baniinsaas

часи роботи

krojoo qarshii kan dhiiraa

гаманець

kireedit kaardii

кредитна картка

korojoo

сумка

korojoo pilaastikaa

поліетиленовий пакет

bishaan

вода

cuunfaa

сік

aannani

молоко

kookii

кола

wayinii

вино

biiraa

пиво

alkoolii

алкоголь

kookaa

какао

shaayii

чай

buna

кава

espereesso

еспресо

kaappuchuunoo

капучіно

muuzii

банан

aappilii

яблуко

burtukaana

апельсин

meeloonii

кавун

loomii

лимон

kaarotii

морква

qullubbii adii

часник

leemmana

бамбук

qullubbii

цибуля

jaarsa marqoo

гриб

godoo

горішки

gowwaa

локшина

ispaageetii

спагеті

ruuza

рис

salaaxaa

салат

chiipsii

картопля фрі

moose affeelamaa

смажена картопля

piizaa

піца

hmbargarii

гамбургер

saanduchii

бутерброд

kotaleetii

шніцель

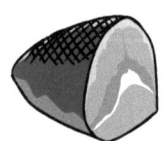

foon booyyee kan luka fuuiduraa

шинка

nyaata mi'eessituu fi sooggiddan sukkummame

салямі

sausage

ковбаса

lukuu

курка

waaddii

печеня

qurxummii

риба

bulluqa aajjaa

вівсяні пластівці

masliis

мюслі

fandishaa

кукурудзяні пластівці

daakuu

борошно

kiroosantii

круасан

daabboo-

булочка

daabboo

хліб

dabboo oo'aa

тостовий хліб

buskuuta

печиво

dhadhaa

масло

itittuu

сир

keekii

пиріг

buuphaa

яйце

buuphaa affeelamaa

яєчня

ayibii

сир

nyaata - їжа

aays kireemii

морозиво

shukkaara

цукор

damma

мед

marmaalaataa

мармелад

chokkoleetii bittinnaa'aa

нуга-крем

kuurii

карі

qonna
ферма

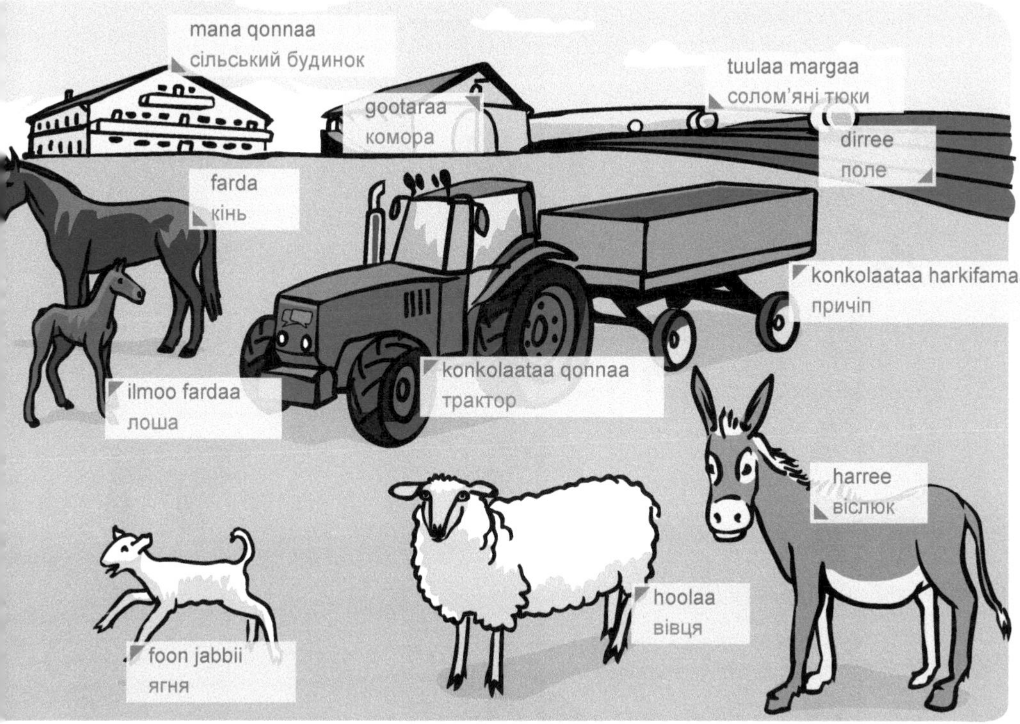
mana qonnaa
сільський будинок
tuulaa margaa
солом'яні тюки
gootaraa
комора
dirree
поле
farda
кінь
konkolaataa harkifamaa
причіп
konkolaataa qonnaa
трактор
ilmoo fardaa
лоша
harree
віслюк
hoolaa
вівця
foon jabbii
ягня

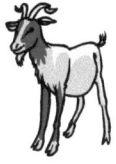

ra'ee
коза

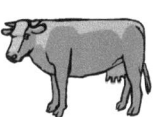

sa'a
корова

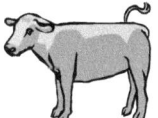

jabbilee
теля

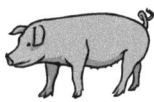

booyyee
свиня

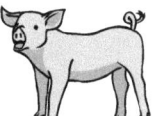

ilmoo booyyee
порося

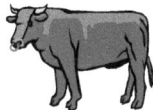

korma
бик

ziyyee

гусак

daakkiyyee

качка

lukkuu

курча

lukkuu haadhoo

курка

lukkuu kormaa

півень

hantuuta

щур

adurree

кіт

hantuuta goodaa

миша

qotiyyoo

віл

saree

собака

mana saree

собача будка

ujjummoo oddoo

садовий шланг

kan ittin bishaan obaasan

лійка

haamtuu dheeraa

коса

qotuu

плуг

haamtuu

серп

gasoo

мотика

manshii

вила

qotoo

сокира

gaarii goommaa

тачка

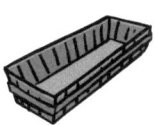

suluula

корито

meeshaa aannanii

бідон молока

keeshaa

мішок

dallaa

паркан

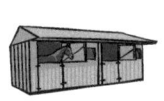

tasgabbii

хлів

mana biqiltuu

теплиця

biyyee

ґрунт

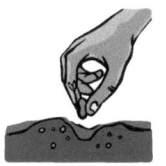

sanyii

насіння

dachee gabbistuu

добриво

kmbaayinara haamaa

комбайн

qonna - ферма

29

haamuu

пожинати

haamuu

урожай

biqiltuu hundeen isaa nyaatamu

корінь ямсу

qamadii

пшениця

sooy

соя

moose

картопля

boqqoolloo

кукурудза

raappii siidii

ріпак

muka fudraa

плодове дерево

kzaavaa

маніок

midhaan biilaa

злаки

qonna - ферма

hula aaraa
димохід

baaxii
дах

ujummo bishaanii
водостічний лоток

fooddaa
вікно

garaajii
гараж

bilibila balbalaa
дзвінок

balbala
двері

teessoo balfaa
відро для сміття

saanduqa хaiayaas
поштова скринька

oddoo
сад

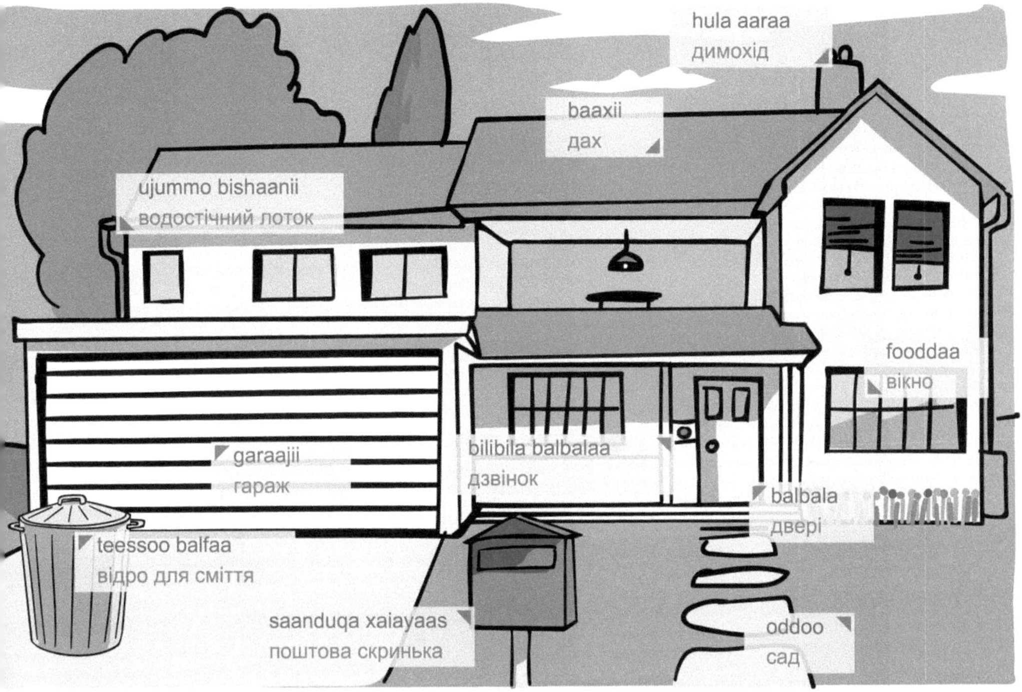

kutaa jireenyaa

вітальня

kutaa dhiqannaa

ванна кімната

mana bilcheessaa

кухня

kutaa ciisichaa

спальня

kutaa ijoollee

дитяча кімната

kutaa nyaataa

їдальня

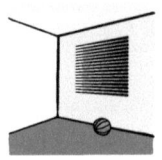

lafa

підлога

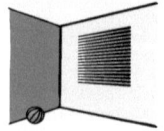

ededaa

стіна

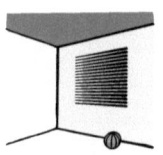

baaxii

стеля

seelaarii

підвал

saawunaa

сауна

baankoonii

балкон

madaba

тераса

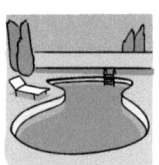

puulii

басейн

konkoolaataa haamaa

косарка

ansoolaa

простирало

uffata siree

ковдра

siree

ліжко

hartuu

мітла

baaldii

відро

cufuu

перемикач

kutaa jireenyaa
вітальня

wolpeepparii
шпалери
fakkii
малюнок
foon hoolaa
лампа
masalangaa
поличка
kaappi boordiis
шафа
tleviszīinii
телевізор
midijjaa
камін
abaaboo
квітка
boraatiii
подушка
soofaa
диван
tessoo abaaboo
ваза
too'attuu halaalaa
пульт

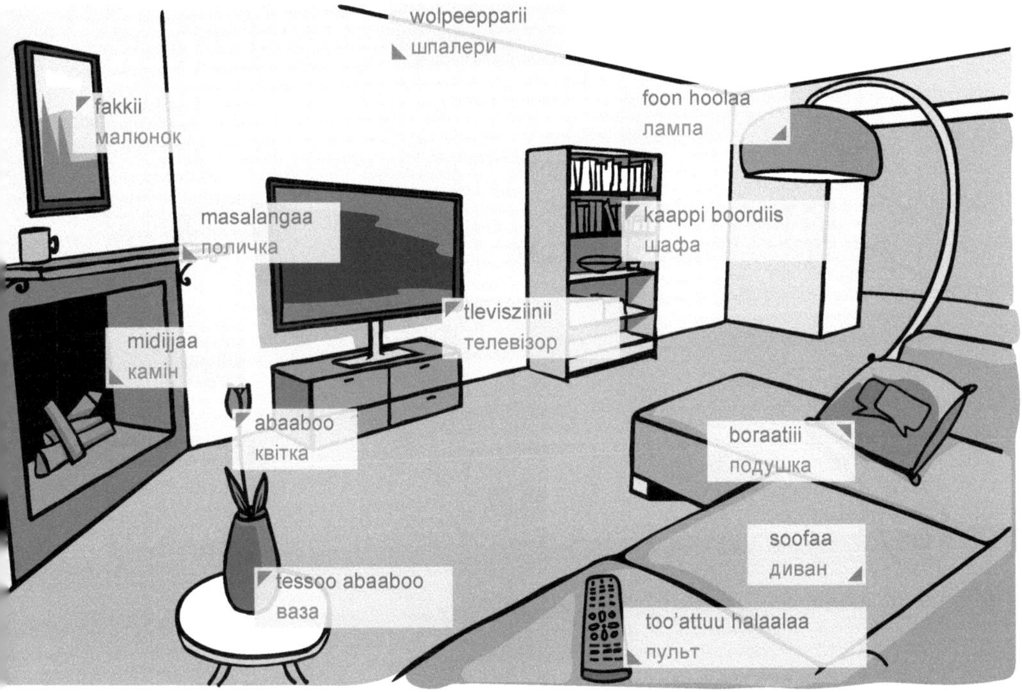

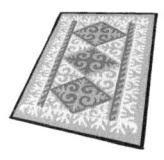

afata
....
килим

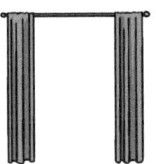

golgaa
....
завіса

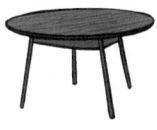

minjaala
....
стіл

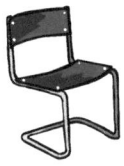

teessoo
....
стілець

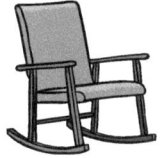

teessoo rarra'aa
....
крісло-гойдалка

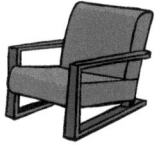

teesoo ciqilffannaa
....
крісло

kitaaba

книга

uffata qorraa

ковдра

midhagina

прикраса

muka qoraanii

дрова

fiilmii

фільм

meeshaa

стереосистема

furtuu

ключ

gaazexaa

газета

dibuu

картина

barjaa

плакат

reedyoonii

радіо

daftara yaadanoo

блокнот

meeshaa eeleektirikaa afata
qulqulleessu

пилосос

laaftoo

кактус

dungoo

свічка

mana bilcheessaa
кухня

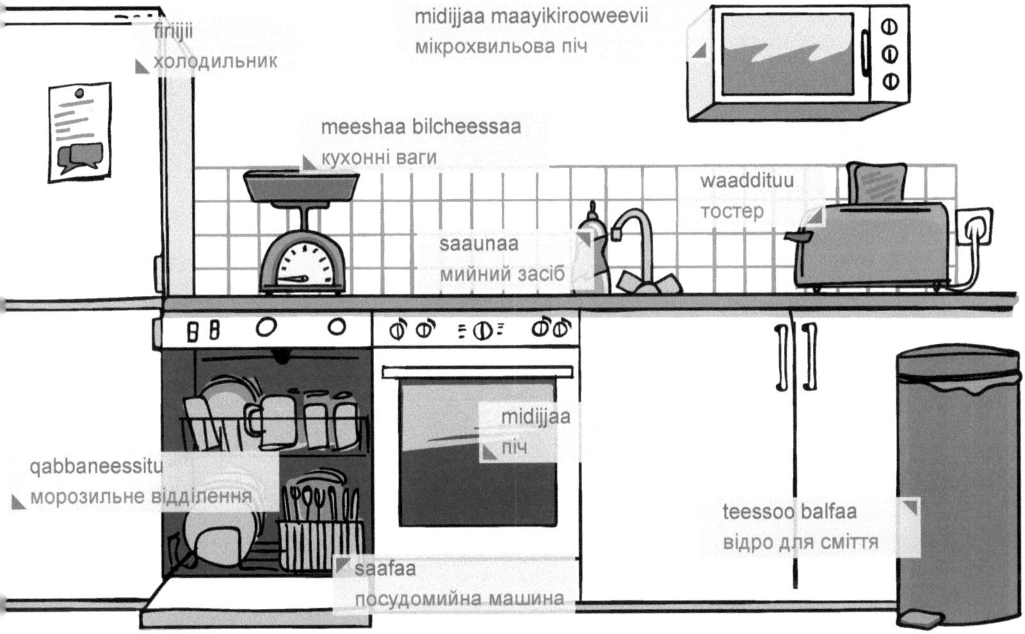

firijii
холодильник
midijjaa maayikirooweevii
мікрохвильова піч
meeshaa bilcheessaa
кухонні ваги
waadditu
тостер
saaunaa
мийний засіб
midijjaa
піч
qabbaneessitu
морозильне відділення
teessoo balfaa
відро для сміття
saafaa
посудомийна машина

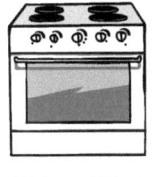

bilcheesssituu

плита

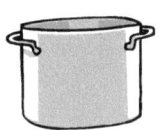

okkotee

горщик

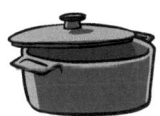

cast-iron pot

чавунний горщик

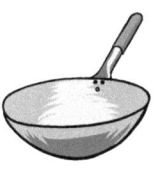

sataatee

вок / кадай

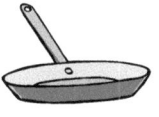

waaddituu

сковорода

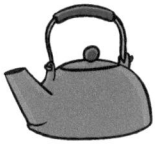

markajii

чайник

jabala humna urkaa

пароварка

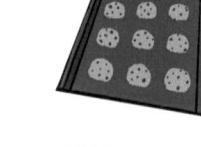

tirii bilcheessaa

лист

bantuu qaruuraa

посуд

geeba

кухоль

sayinaa

чаша

dibata hidhii

палички для їжі

cilfaa

черпак

shuukkaa

лопатка

areeda aduurree

вінчик для збивання

dhimbiibduu

сито

gingilchaa

сито

meeshaa farfartuu

терка

mooyyee

ступка

waadii abiddaa

барбекю

midijjaa

багаття

maktafiyaa

дошка

martuu

качалка

bantuu qaruuraa

штопор

danda'uu

конзерва

banuu danda'uu

відкривачка

teesoo okkotee

прихватки

lixuu

раковина

buruushii

щітка

ispoonjii

губка

meeshaa waliin makaa

міксер

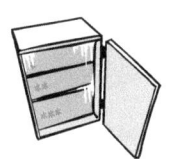

qabbaneessaa guddaa

морозильна камера

xuuxxoo

дитяча пляшка

ujjuummoo

кран

kutaa dhiqannaa

ванна кімната

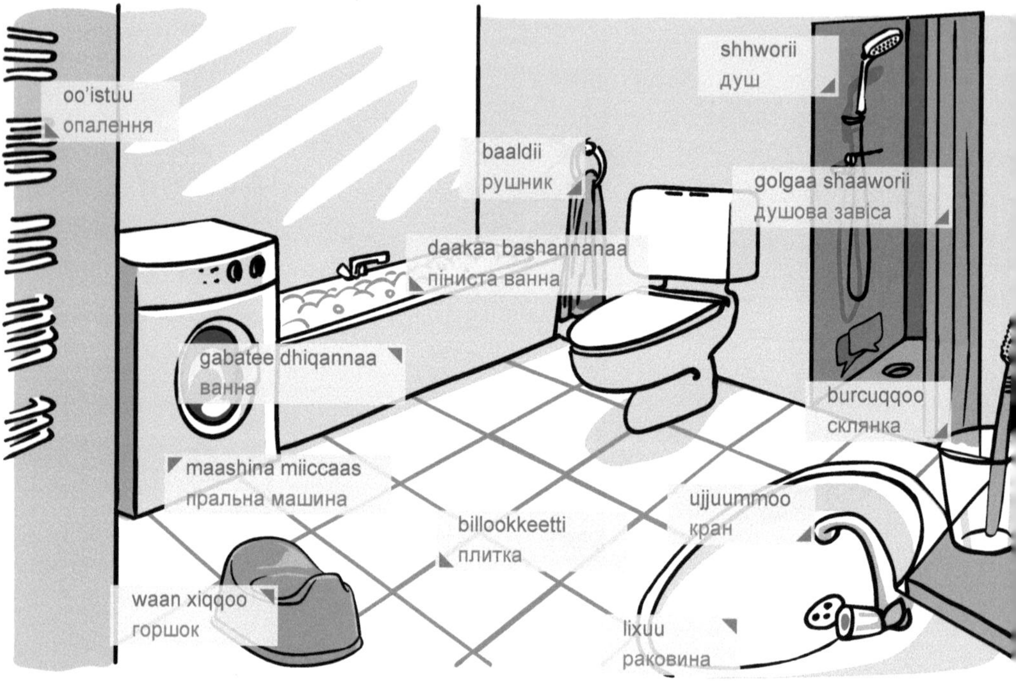

oo'istuu
опалення
shhworii
душ
baaldii
рушник
golgaa shaaworii
душова завіса
daakaa bashannanaa
пiниста ванна
gabatee dhiqannaa
ванна
burcuqqoo
склянка
maashina miiccaas
пральна машина
ujjuummoo
кран
billookkeetti
плитка
waan xiqqoo
горшок
lixuu
раковина

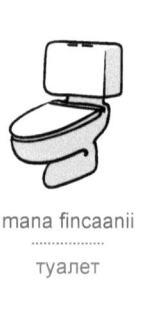

mana fincaanii
....
туалет

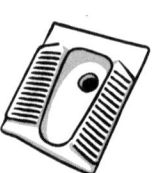

mana fincaanii taa'e
....
підлоговий туалет

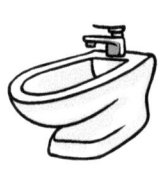

saafaa
....
біде

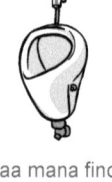

sahiinaa mana fincaanii
....
пісуар

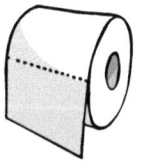

sooftii
....
туалетний папір

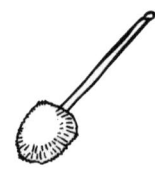

burusha mana fincaanii
....
щітка для туалету

buruushii ilkaanii

зубна щітка

saamunaa ilkaanii

зубна паста

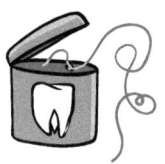

soqxuu ilkaanii

нитка для чищення зубів

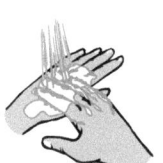

dhiquu

мити

qaama dhiqannaa aadaa

ручний душ

kan dach

інтимний душ

sulula

таз

mana dhiqataa

щітка для спини

saamunaa

мило

dibata dhiqannaa boodaa

гель для душу

shaampuu

шампунь

jejuu

мочалка

gogsuu

водостік

kireemii

крем

dodoraantii

дезодорант

daawitii

дзеркало

daawitii hrkaa

косметичне дзеркало

milaacii

бритва

dibata areedaas

піна для гоління

diibata areedaa

лосьйон після гоління

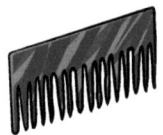

filaa

гребінь

burusha

щітка

qoorsituu rifeensaa

фен

hafuuftuu rifeensaa

лак для волосся

meekaappii

косметика

lippistiikii

губна помада

qeessa muculiksituu

лак для нігтів

jirbii

вата

murtuu qeessa

ножиці для нігтів

shittoo

парфум

korojoo dhiqannaa

косметичка

gatteechuma

табурет

iskeelii ulfaatinaa

ваги

uffata dhiqannaa

халат

guwaantii pilaastikaa

гумові рукавички

moodesii

тампон

fooxaa qulquulinaa

гігієнічні прокладки

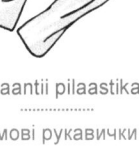

keemikaala mana fincaanii

біотуалет

kutaa ijoollee
дитяча кімната

sa'aatii alaarmii
будильник
Eebbiyyoo Hammatamu
м'яка іграшка
konkolaatt ijollee
іграшковий автомобіль
hasaasuu
брязкальце
mana eebbiyyo
ляльковий будиночок
jira
подарунок

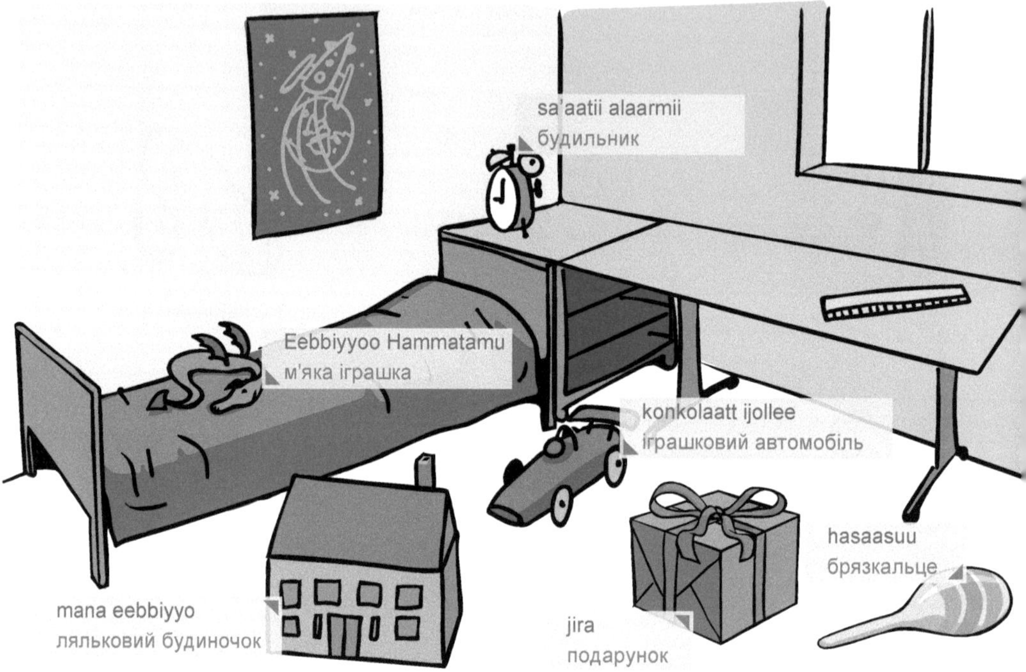

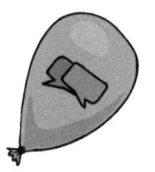

baaloonii
....
повітряна кулька

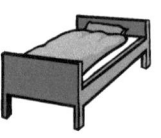

siree
....
ліжко

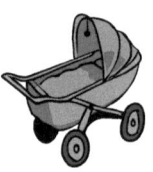

gaarii daa'imaa
....
дитячий візок

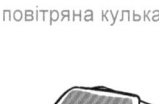

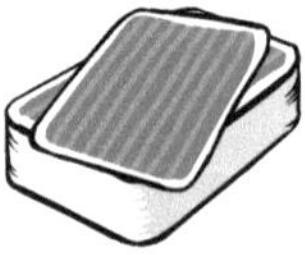

Minjaala Kaardii
....
картярська гра

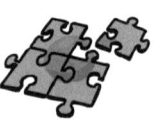

akaafaa
....
пазл

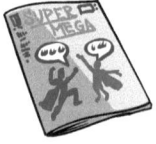

kofalchiisaa
....
комікс

lego bricks

лего цеглинки

dlookii ijaarsaa

блоки

lakkofsa gochaa

іграшкова фігурка

guddina daa'imaa

повзунки

saahinaa taphaa

фризбі

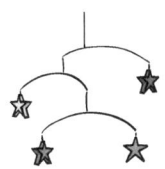

mobaayilii

мобіле

gabatee taphaa

настільна гра

kuubii lakk. 1-6 qabu

кубик

teessuma leenji'aa modeelaa

модель залізнична станція

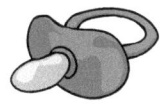

fakkii

соска

afeerrii

вечірка

kitaaba fakii

книжка з картинками

kubbaa

м'яч

eebiyyoo

лялька

tapha

грати

boolla cirrachaa

пісочниця

hodhuu

гойдалка

eebbiyyoo

іграшка

konsoli tapha viidyoo

гральна консоль

marsaa sadii

триколісний велосипед

eebiyyo hammatamtu

плюшевий мішка

sanduqaa dhaabbii

шафа

cuufinsa

одяг

kaalsii

шкарпетки

istookingii

панчохи

taayitii

колготки

guftaa
шарф

qabattoo
ремінь

dibaaboo
парасоля

qomee
футболка

leenjitoota
кросівки

bidiruuwwan
чоботи

slipparii
домашнє взуття

kophee banaa
сандалі

kophee
взуття

bidiruu pilaastikaa
гумові чоботи

butaantaa
труси

harmaa
бюстгальтер

sadariyyaa
нижня сорочка

qaama

боді

kofoo dheeraa

штани

jiinsii

джинси

dalgee

спідниця

shamiza

блузка

shurraaba

сорочка

shurraaba

пуловер

haaguuggii jaakkeettii

светр

yuunifoormii

піджак

jaakkeettii

куртка

kootii

пальто

kafana roobaa

дощовик

barsuma

костюм

wandaboo

сукня

kafana gaa'ilaa

весільна сукня

kafana guutuu

костюм

uffata halkanii

нічна сорочка

bijaamaa

піжама

wandaboo hindii

сарі

guftaa

головна хустка

marata

чалма

burqaa

бурка

jalabiyyaa

кафтан

abaya

абая

kafana daakkaa

купальник

mudhii

плавки

kofoo gabaabaa

шорти

kafanafgichaa

тренувальний костюм

appiroonii

фартух

guwwaantii

рукавички

furtuu

гудзик

burcuqqoowwan

окуляри

gumee

браслет

amartii

ланцюг

qubeelaa

кільце

glii

сережка

geeba

шапка

fanoo kootii

плічка

qoobii

капелюх

karbaata

краватка

ziippii

застібка-блискавка

heelmeetii

шолом

collee

підтяжки

uffata mana baruumsaa

шкільна форма

yuunifoormii

уніформа

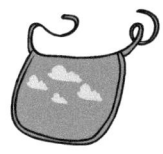

kafana gorooraa

нагрудник

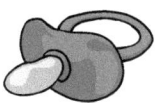

fakkii

соска

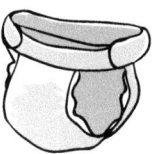

naappii

підгузок

waajjira

офіс

sarvarii
сервер
faayil kaabineetii
шаф для документів
piriintarii
принтер
warqaa
папір
moonitarii
монітор
maawzii
миша
minjaala
письмовий стіл
fooldarii
папка
kiiboordii
синтезатор
teessoo
стілець
qircaata gatoo
кошик для паперу
kompitara
комп'ютер

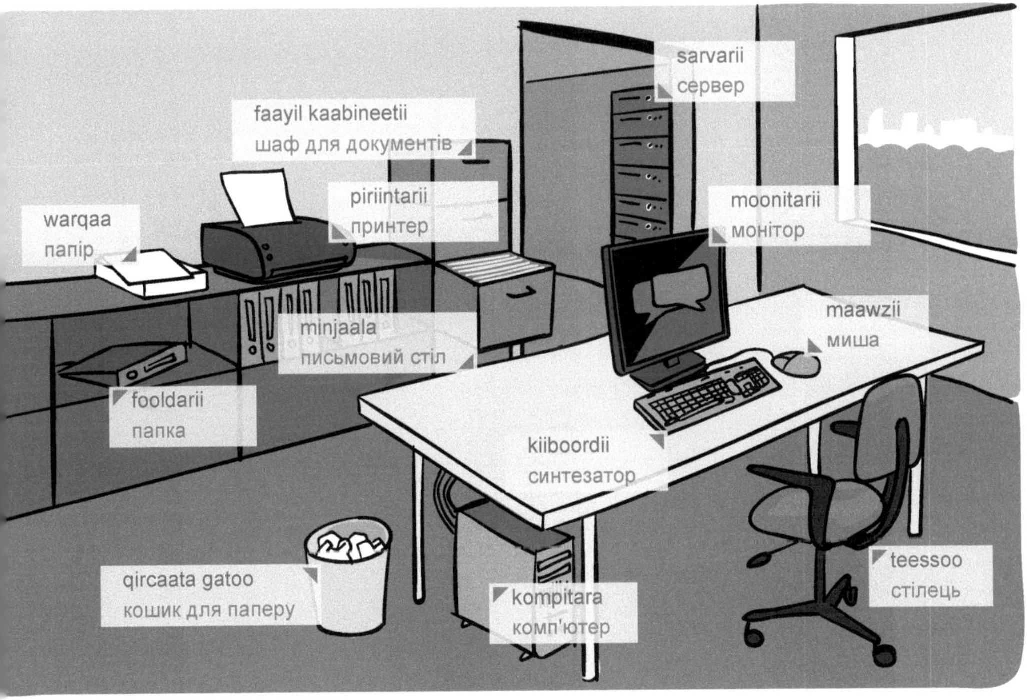

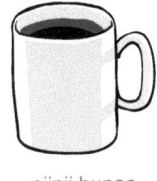

siinii bunaa

кавовий кухоль

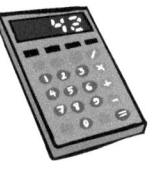

herregduu

калькулятор

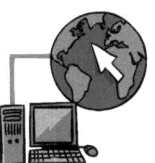

intarneetii

інтернет

lab tooppii
ноутбук

xalaya
лист

ergaa
повідомлення

mobbyilii
мобільний телефон

neetwoorkii
мережа

maashina footokoppii
копіювальний пристрій

sooft weerii
програмне забезпечення

bilbila
телефон

sookkeetii suuqii
розетка

maashina faaksiis
факс

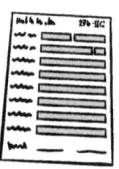

uunkaa
бланк

dookimantii
документ

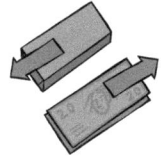

bituu

купувати

kafaluu

платити

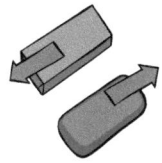

daldaluu

торгувати

qarshii

гроші

doolaara

долар

yuroou

євро

yen

ієна

ruubilii

рубль

Farankaa swwiz

франк

yuwaanii reenmiinbii

юанів женьміньбі

ruuppee

рупія

kaash pooyintii

банкомат

biiroo de cheenjee

обмінний пункт

warqee

золото

meeta

срібло

zayita

нафта

human

енергія

gatii

ціна

koontiraata

контракт

taaksii

податок

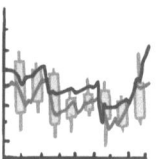

shaqaxa

акція

hojjechuu

працювати

qacaramaa

працівник

qacaraa

роботодавець

faabrikaas

фабрика

dukkaana

магазин

hojii
професії

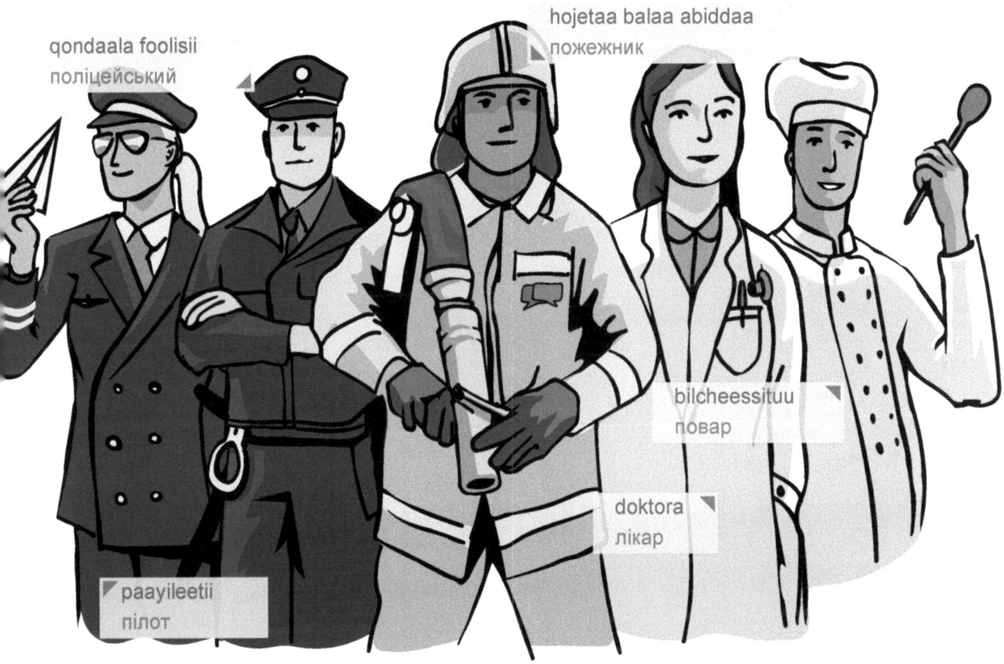
qondaala foolisii
поліцейський
hojetaa balaa abiddaa
пожежник
bilcheessituu
повар
doktora
лікар
paayileetii
пілот

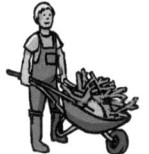

waardiyyaa
садівник

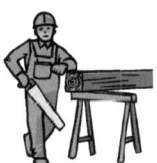

ogeessa mukaa
столяр

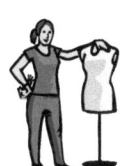

ooftuu jabalaa
швачка

abbaa seeraa
суддя

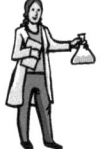

keemistii
хімік

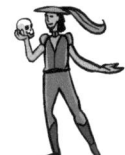

ta'aa
актор

konkolaachisaa

водій автобуса

konkolaachisaataaksii

таксист

qurxumii kiyyeessaa

рибалка

qulqulleessituu

прибиральниця

hojetaa baaxii

покрівельник

keessummeessaa

офіціант

adamisituus

мисливець

halluu dibduu

художник

tolchituu

пекар

elektrishaana

електрик

ijaaraa

будівельник

injinara

інженер

mana foonii

забійник

hjjetaa ujummoo

бляхар

poostaa geessituu

листоноша

raayyaa

солдат

arkteektii

архітектор

qarshi qabduu

касир

abaaboo gurgurtuu

флорист

dabbasaa murtuu

перукар

kondaaktara

кондуктор

makaanika

механік

kaappiteenii

капітан

hakiima ilkee

дантист

saayntiistii

вчений

rabbi

рабин

imaama

імам

moloskee

монах

luba

пастор

hojii - професії

55

meeshaalee

інструменти

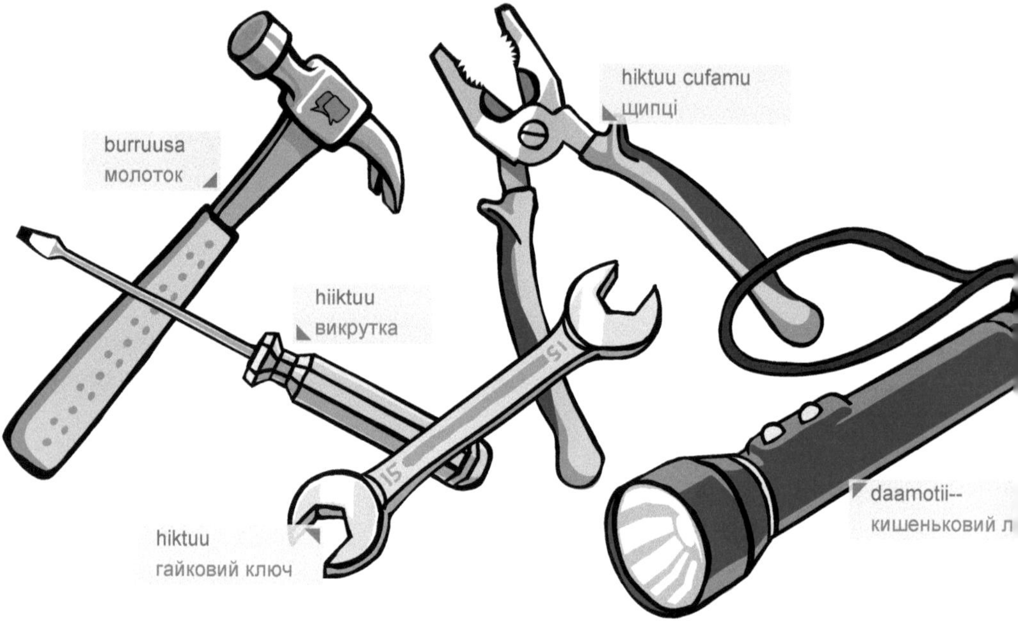

burruusa
молоток
hiktuu cufamu
щипці
hiiktuu
викрутка
hiktuu
гайковий ключ
daamotii--
кишеньковий л

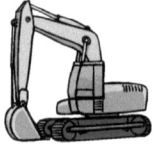

gasoo

екскаватор

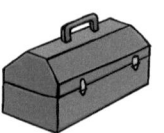

saanduqa meeshhalee

ящик для інструментів

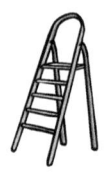

kortoo

драбина

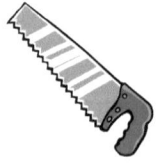

magaazii

пилка

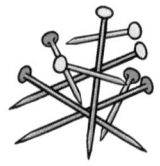

bismaara

цвяхи

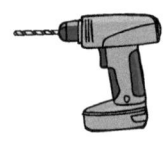

diriilii

свердло

suphuu

ремонтувати

akaafaa

лопата

dhaabi

лайно!

gataa balfaa

совок

qodaa haalluu

відро з фарбою

hiktuu

гвинти

meeshaalee muuziqaa
музичні інструменти

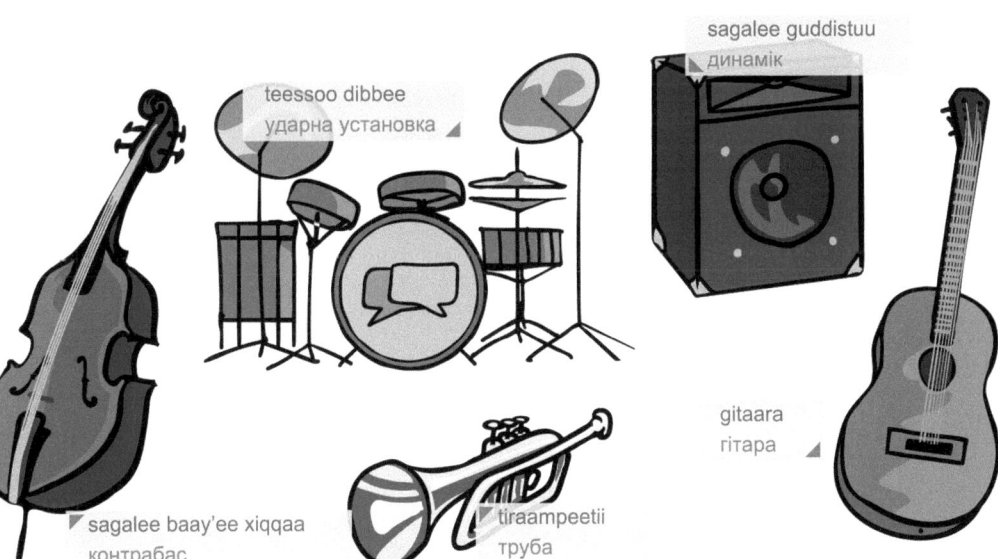

sagalee guddistuu
динамік

teessoo dibbee
ударна установка

gitaara
гітара

sagalee baay'ee xiqqaa
контрабас

tiraampeetii
труба

piyaanoo

фортепіано

vaayoolinii

скрипка

sagalee xiqqaa

бас

timpaanii

литаври

dibbee

барабан

kiiboordii

клавіатура

saaksi foona

саксофон

ulullee

флейта

may craafoona

мікрофон

dallaa beeladaa

зоопарк

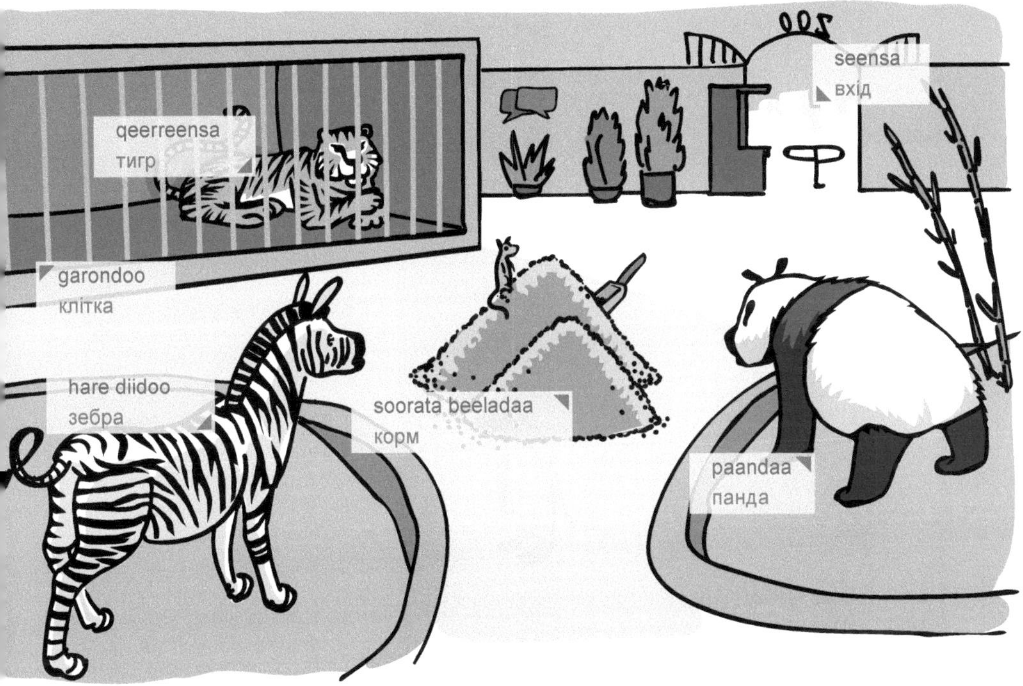

seensa
вхід
qeerreensa
тигр
garondoo
клітка
hare diidoo
зебра
soorata beeladaa
корм
paandaa
панда

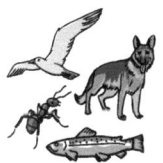

beeladoota

тварини

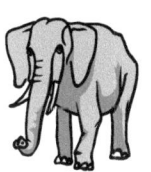

arba

слон

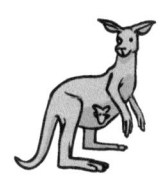

kaangaaroo

кенгуру

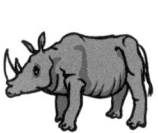

warseesa

носоріг

jaldeessa guddaa

горила

godaa

ведмідь

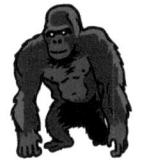

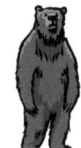

gala

верблюд

guchii

страус

leenca

лев

jaldeessa

мавпа

fiilaamingoo

фламінго

simbira dubbattu

папуга

diibii poolarii

білий ведмідь

peengyuunii

пінгвін

shaarkii

акула

piikookii

павич

bofa

змія

qocaa

крокодил

eegaa zoo

працівник зоопарку

chaappaa

тюлень

sanyii qeerensaa

ягуар

farda gabaabduu

поні

sanyii qeerrensaa

леопард

roobii

гіпопотам

sattaawwaa

жираф

culullee

орел

ifaannaa

кабан

qurxummii

риба

qocaa galaanaa

черепаха

beelada bishaan keessaa

морж

sardiida

лисиця

godaa

газель

kubbaa miilaa ameerikaa
американський футбол

dargmmii bishkilileettaa
їзда на велосипеді

teenisa
теніс

kubba kaachoo
баскетбол

bishaan daakkaa
плавання

sigigoo cabbie
хокей

aboottoo
бокс

kubbaa miilaa
футбол

baadmentanii
бадмінтон

atileetii
легка атлетика

kubba harkaa
гандбол

skiing
лижні перегони

pooloo
поло

sochii

дії

kolfa
сміятися
utaalcha
стрибати
hammachuu
обіймати
deemuu
йти
sirbuu
співати
abjuu
мріяти
kadhannaa
молитися
dhungoo
цілувати

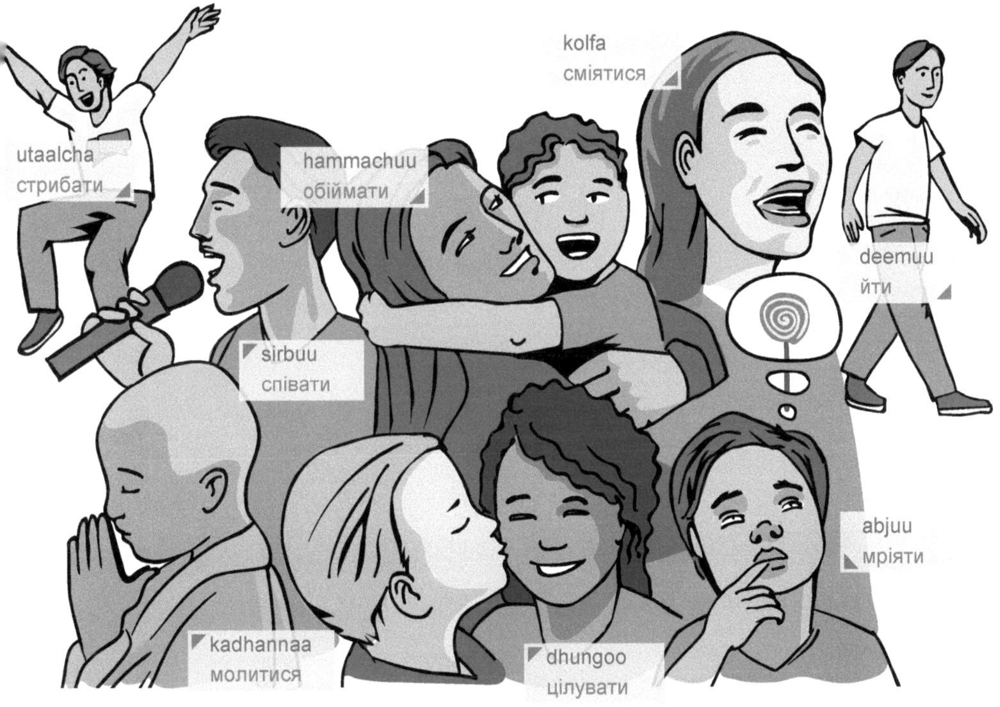

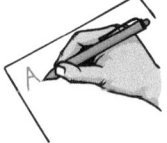

barreessuu

писати

fakkii kaasuu

малювати

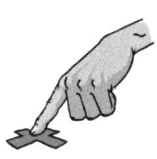

agrsiisuu

показувати

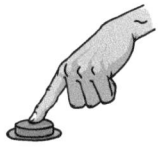

dhiibuu

тиснути

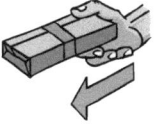

kennuu

давати

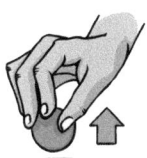

fudhachuu

брати

qabaachuu

мати

gochuu

робити

ta'uu

бути

dhaabbachuu

стояти

kaachuu

бігати

harkisuu

тягнути

darbachuu

кидати

kufuu

падати

soba

лежати

eeguu

очікувати

baachuus

носити

taa'uu

сидіти

uffachuu

одягати

rafuu

спати

dammaquu

просипатися

ilaaluu

дивитися

iyyuu

плакати

dhiibbaa dhiigaa

гладити

filuu

розчісувати

haasa'uu

розмовляти

hubachuu

розуміти

gaafachuu

питати

dhggeeffachuu

слухати

dhuguu

пити

nyaachuu

їсти

ol kaasuu

прибирати

jaalala

любити

bilcheessuus

варити

oofuu

їхати

barrisuu

літати

jabalan

йти під вітрилом

heerregii

рахувати

dubbisuu

читати

baruumsa

вчитися

hojjechuu

працювати

fuudha

одружуватися

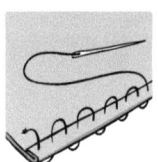

hodhuu

шити

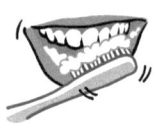

ilkaan rigachuu

чистити зуби

ajjeecha

убивати

xuuxuu

курити

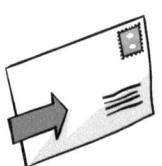

erguu

посилати

warra
сім'я

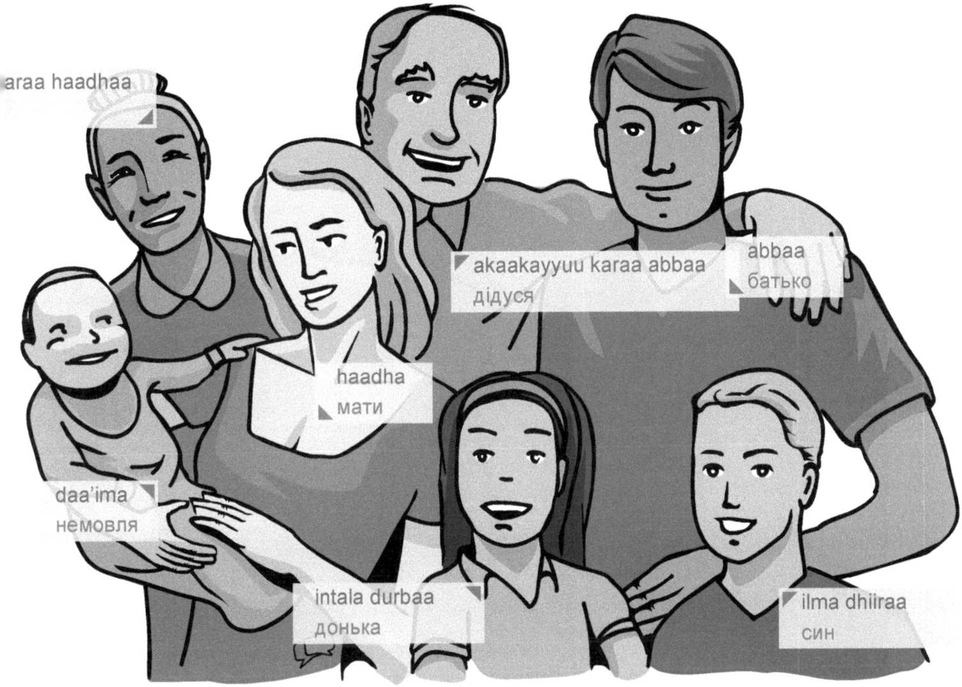

araa haadhaa
akaakayyuu karaa abbaa
дідуся
abbaa
батько
haadha
мати
daa'ima
немовля
intala durbaa
донька
ilma dhiiraa
син

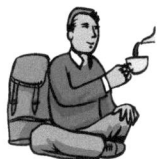

keessummaas

гість

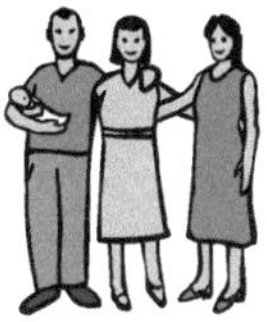

adaadaa

тітка

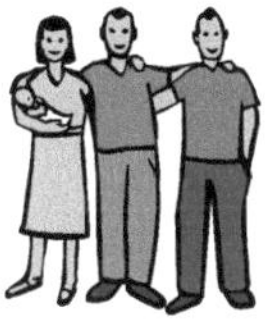

eessuma

дядько

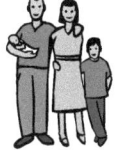

obboleessa

брат

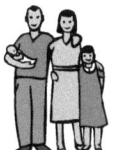

obboleettii

сестра

qaama

тіло

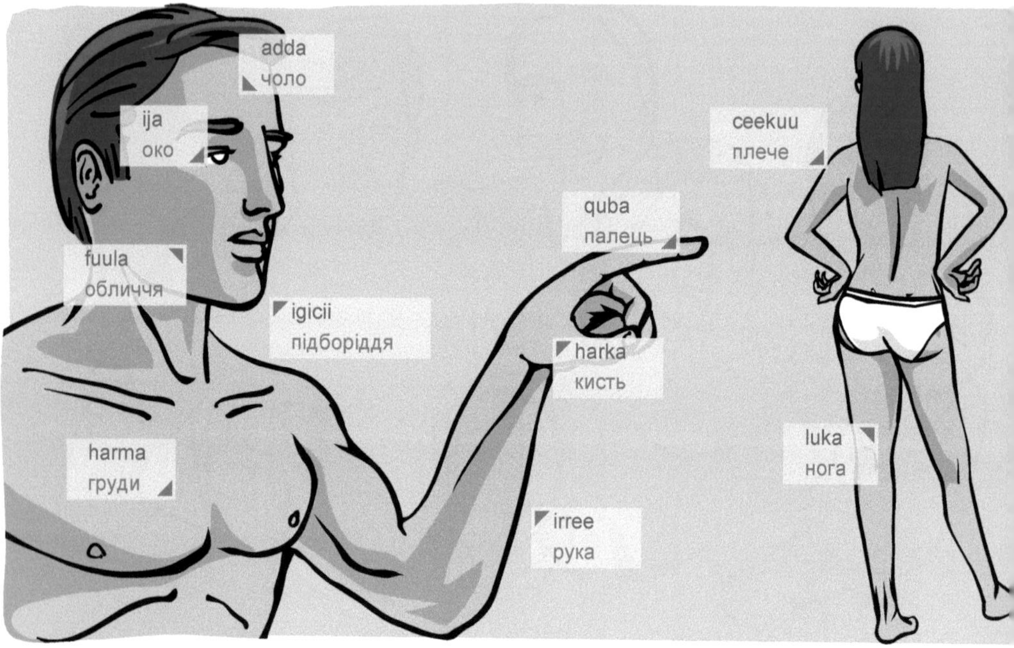

adda
чоло
ija
око
ceekuu
плече
quba
палець
fuula
обличчя
igicii
підборіддя
harka
кисть
luka
нога
harma
груди
irree
рука

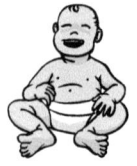

daa'ima

немовля

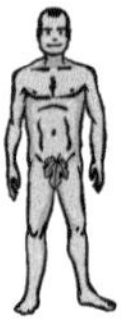

nama

чоловік

dubartii

жінка

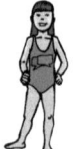

durba

дівчина

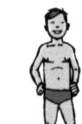

mucaa

хлопчик

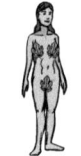

mataa

голова

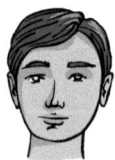

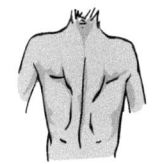

duuba

спина

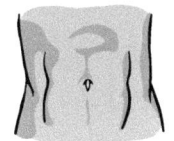

godhami

живіт

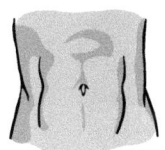

belly button

пуп

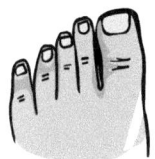

qubq miilaa

палець ноги

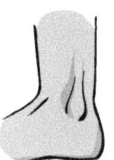

koomee

п'ята

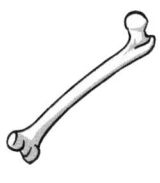

lafee

кістка

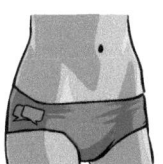

dirra

стегно

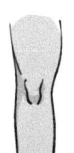

jilba

коліно

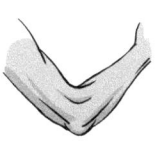

ciqilee

лікоть

fuunyaan

ніс

jala

сідниці

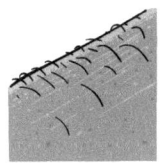

gogaa

шкіра

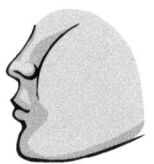

boqoo

щока

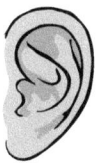

gurra

вухо

hidhii

губа

afaan

рот

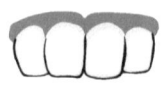

ilkee

зуб

arraba

язик

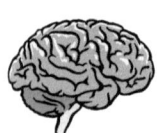

sammuu

мозок

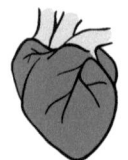

onnee

серце

fon irree

м'яз

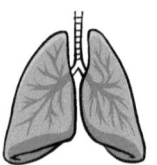

somba

легені

tiruu

печінка

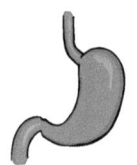

garaacha

шлунок

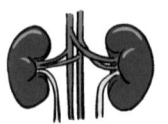

kaleewwan

нирки

wal qunnamitii saalaa

статевий акт

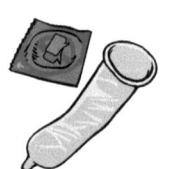

kondomii

презерватив

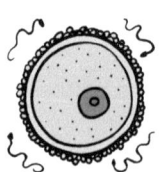

buphaa dubartii

яйцеклітина

mi'oo

сперма

ulfa

вагітність

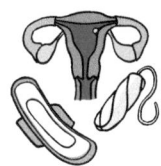

laguu ji'aa

менструація

buqushaa

вагіна

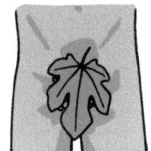

tuffee

пеніс

laboobbaa ijaa

брова

rifeensa

волосся

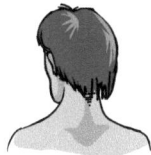

morma

шия

hospitaala
лікарня

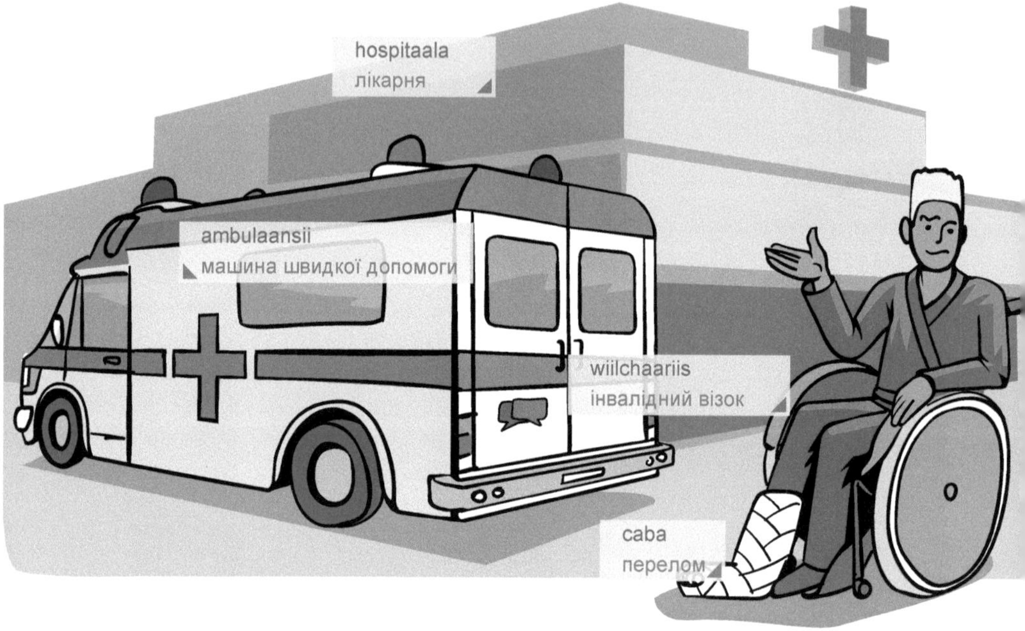

hospitaala
лікарня
ambulaansii
машина швидкої допомоги
wiilchaariis
інвалідний візок
caba
перелом

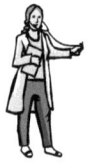

doktora

лікар

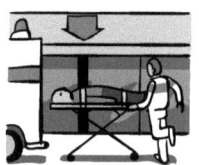

kutaa hatattamaa

відділення швидкої медичної допомоги

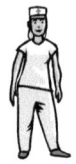

narsii

медсестра

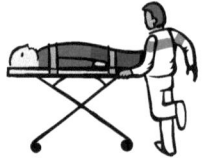

hatattama

аварійний випадок

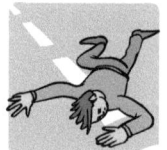

kan hin dammaqin

непритомний

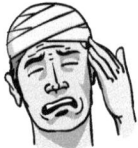

dhukkubbii

біль

miidhhaa

травма

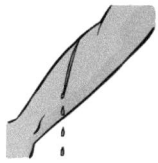

dhiiguu

кровотеча

dhukkuba onnee

інфаркт

baay'ina dhiigaa

інсульт

hooqxoo

алергія

qufaa

кашель

oo'aa qaamaa

лихоманка

qufaa

грип

baasaa

пронос

bowoo mataa

головна біль

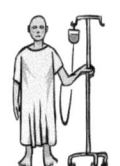

kaansarii

рак

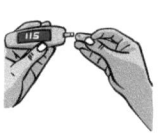

dhibee sukkaaraa

діабет

baqaqsanii hodhuu

хірург

halbee

скальпель

hojii

операція

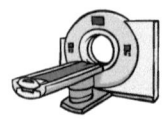

CT
КТ

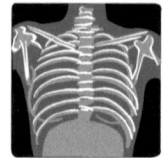

raajii
рентген

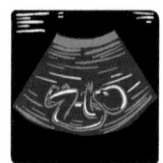

aaltraasaawandii
ультразвук

haguuggii fuuiaa
маска

dhukkuba
хвороба

kutaa haar galfii
зал очікування

hirkannaa
милиця

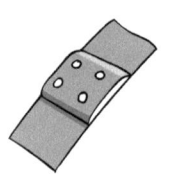

pilaastara
пластир

baandeejii
пов'язка

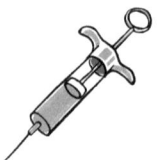

limmoo waraanuu
ін'єкція

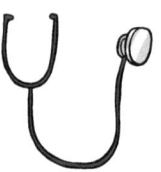

isteetskooppi
стетоскоп

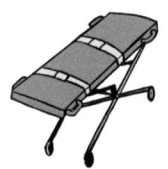

siree dhukkubsataa
ноші

termoo meetira klinikaa
термометр

dhaloota
народження

ulfaatinaa ol
надмірна вага

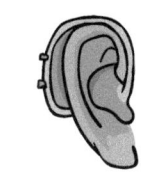

gargaaraa dhageettii

слуховий апарат

qoricha aramaa

дезінфікуючий засіб

miidhama keessaa

інфекція

vaayirasa

вірус

ECH AAIVII / EEDSII

ВІЛ / СНІД

qoricha

медицина

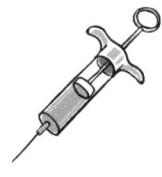

talaallii

вакцинація

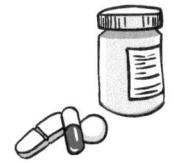

kiniinii

таблетки

kiniinii

протизаплідна пігулка

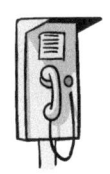

waamicha hatattamaa

екстрений виклик

too'attuu dhiibbaa dhiigaa

тонометр

dhukkuba / fayyaa

хворий / здоровий

gargaarsa!

Допоможіть!

alaarmiis

сигнал тривоги

weerara

напад

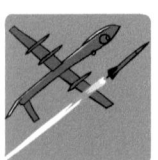

miidhuu

атака

suukaneessaa

небезпека

baha hatattamaa

аварійний вихід

abidda

Вогонь!

abidda dhaamisituu

вогнегасник

balaa

аварія

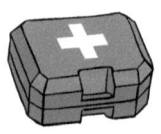

saanduqa gargaasa calqabaa

аптечка

Sii'oosii

СОС

foolisii

поліція

awurooppaa

Європа

ameerikaa kabaa

Північна Америка

ameerikaa kibbaa

Південна Америка

afrikaa

Африка

eesiyaa

Азія

awustraaliyaa

Австралія

atilaantik

Атлантика

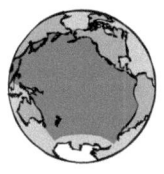

paasfiik

Тихий океан

galaana hindii

Індійський океан

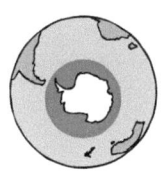

galaana antaartikaa

Антарктичний океан

galaana arkitiik

Північний Льодовитий
океан

polii kaabaa

Північний полюс

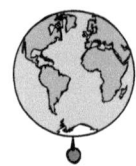

polii kibbaa

Південний полюс

antaartikaa

Антарктика

dachee

Земля

dachee

суша

garba

море

odola

острів

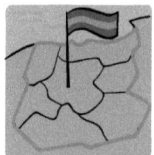

lammii

нація

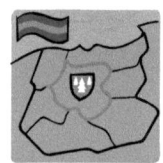

kutt biyyaa

держава

clock face

циферблат

sa'aatii kana

годинникова стрілка

daqiiqaa kana

хвилинна стрілка

moofaa

секундна стрілка

yeroon meeqa ta'ee?

Котра година?

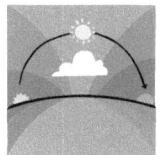

guyyaa

день

yeroo

час

amma

зараз

sa'aatii diiskoo

цифровий годинник

daqiiqaa

хвилина

sa'aatii

година

hojjaa duraa
Понеділок

roobii
Середа

jimaata
П'ятниця

lammaffo
Вівторок

sanbata xiqqaa
Субота

kamisa
Четвер

sanba quddaa
Неділя

kaleessa
вчора

har'a
сьогодні

boru
завтра

ganama
ранок

guyyaa qixxee
опівдні

galgala
вечір

guyyaa hojii
робочі дні

dhuma forbee
кінець робочого тижня

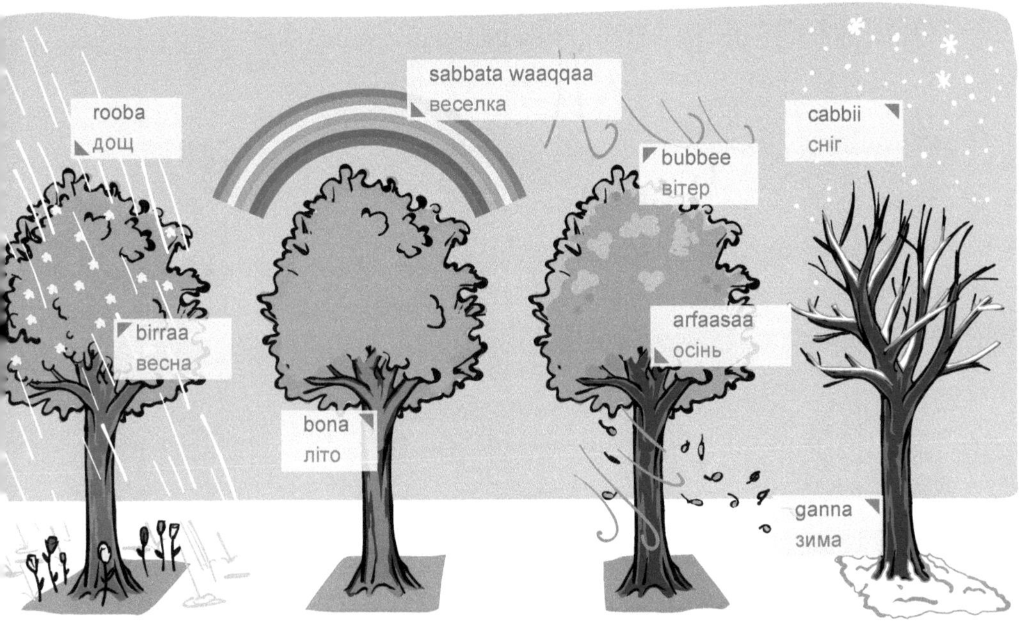

rooba
дощ
sabbata waaqqaa
веселка
cabbii
сніг
bubbee
вітер
birraa
весна
arfaasaa
осінь
bona
літо
ganna
зима

4.APRIL 11°
5.APRIL 4°
6.APRIL 13°
7.APRIL 8°
8.APRIL 10°

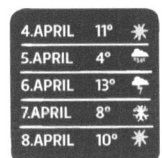

raaga haala qileensaa

прогноз погоди

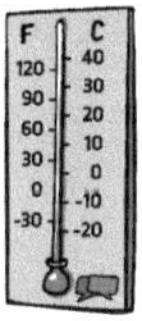

teermoomeetirii

термометр

baha aduu

сонячне світло

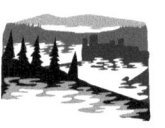

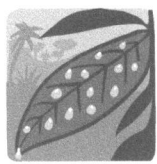

duumessa

хмара

hurii

туман

jiidha

вологість повітря

bakakkaa

блискавка

balaqqee

грім

dirrisa

шторм

cabbii

град

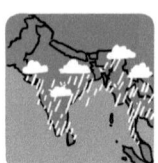

monsoon

мусон

lolaa

повінь

cabbie

лід

Amajjii

Січень

Gurraandhala

Лютий

Bitootessa

Березень

Eebila

Квітень

Caamsaa

Травень

Waxabajji

Червень

Adooleessa

Липень

Hagayya

Серпень

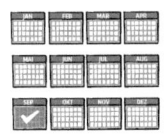

Fulbaana
....
Вересень

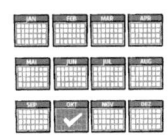

Onkololeessa
....
Жовтень

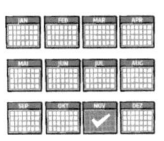

Sadaasa
....
Листопад

Muddee
....
Грудень

geengoo
....
круг

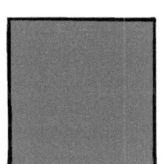

isqeerii
....
квадрат

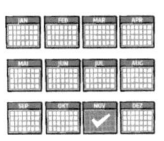

rog arfee
....
прямокутник

rg sadee
....
трикутник

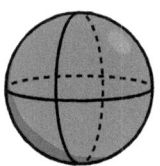

molaalee
....
куля

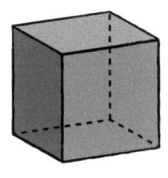

kuubii
....
куб

фарби

adii

білий

boora

жовтий

keelloo

помаранчевий

boorilee

рожевий

diimaa

червоний

bunnii

фіолетовий

cuqliisa

синій

magariisa

зелений

magaala

коричневий

bulee

сірий

gurraacha

чорний

baay'ee / xiqqoo

багато / мало

aara / gammachuu

лютий / мирний

bareeda / fokkuu

гарний / бридкий

calqaba / xumuura

початок / кінець

guddaa / xiqqaa

великий / малий

ifa / dukkana

світлий / темний

obboleessa / obboleettii

брат / сестра

qulqulluu / xurii

чистий / брудний

xumuuramaa / kan hin xumuuramin

завершений / незавершений

guyyaa / halkan

день / ніч

du'aa / jiraa

мертвий / живий

bal'aa / dhiphaa

широкий / вузький

kan nyaatamu / kan hin nyaatamne

їстівний / неїстівний

badd / gaarii

злий / дружній

gammachuu / ifannaa

збуджений / нудьгуючий

furdaa / qal'aa

товстий / тонкий

calqaba / dhuma

спочатку / востаннє

michuu / diina

друг / ворог

guutuu / duwwaa

повний / порожній

sakoruu / lalllaafaa

жорсткий / м'який

ulfaataa / salphaa

важкий / легкий

beeluu / dheebuu

голод / спрага

dhukkuba / fayyaa

хворий / здоровий

seer malee / seera qabeessa

незаконний / законний

gaanfuree / dabeessa

розумний / дурний

bitaa / mirga

вліво / вправо

maddii / fagoo

поруч / далеко

masaanuu - протилежності

haara'a / moofaa

новий / використаний

homma / waan tokko

нічого / щось

jaarsa / dargaggeessa

старий / молодий

ibsuu / dhaamsuu

вкл / викл

banuu / cufuu

відкрито / закрито

callisuu / sagalee olkaasuu

тихо / гучно

sooressa / hiyyeessa

багатий / бідний

sirrii / dogongora

правильно / неправильно

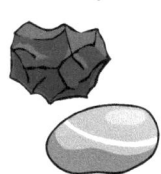

sokorruu / lallaafaa

шорсткий / гладкий

aara / gammachuu

сумний / щасливий

dheeraa / gabaabaa

короткий / довгий

qususaa / collee

повільно / швидко

jiidhaa / goggogaa

вологий / сухий

oo'aa / qorraa

гарячий / холодний

lola / nagaa

війна / мир

0

duwwaa

нуль

1

tokko

один

2

lama

два

3

sadis

три

4

afur

чотири

5

shan

п'ять

6

jaha

шість

7

torba

сім

8

saddeet

вісім

9

sagal

дев'ять

10

kudhan

десять

11

kudha tokko

одинадцять

12

kudha lama

дванадцять

13

kudha sadi

тринадцять

14

kudha afur

чотирнадцять

15

kudha shan

п'ятнадцять

16

kudha jaha

шістнадцять

17

kudha torba

сімнадцять

18

kudha saddeet

вісімнадцять

19

kudha sagal

дев'ятнадцять

20

diigdama

двадцять

100

dhibba

сто

1.000

kuma

тисяча

1.000.000

maliyoona

мільйон

Ingiliffa

англійська

Ingiliffa Ameerikaa

американська англійська

Mandarinii chaayinaa

китайська
високочиновницька

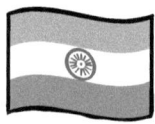

Afaan Hindii

хінді

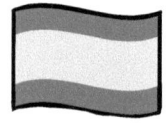

Afaan Speen

іспанська

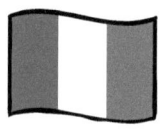

Afaan Faransaay

французька

Afaan Arabaa

арабська

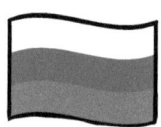

Afaan Raashaa

російська

Afaan Poortugaal

португальська

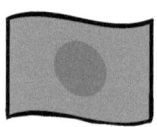

Afaan Beengaal

бенгальська

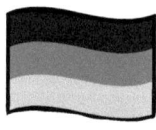

Afaan Jarman

німецька

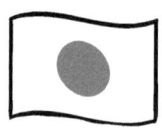

Afaan Jaappaan

японська

ana

я

si

ти

isa / ishii / isa / wantootaf

він / вона / воно

nu'ii

ми

isin

ви

isan

вони

eenyuu?

хто?

maal?

що?

akkamitti

як?

eessa?

де?

hoom?

коли?

maqaa

ім'я

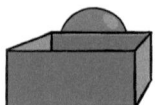

duuba

ззаду

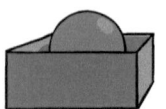

keessa

в

fuldura

перед

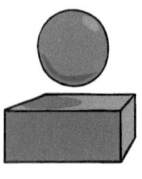

irra

над

gubbaa

на

jala

під

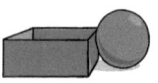

maddii

біля

gidduu

між

bakkee

місце